IMPARARE L'ITALIANO PER BAMBINI UCRAINI

ВЧИМО ІТАЛІЙСЬКУ ДЛЯ ДІТЕЙ УКРАЇНИ

Libro Bilingue A Colori Con Le Parole E
Le Frasi Più Comuni.
Bonus: Traccia Audiolibro Esclusivo
Con Le Pronunce Corrette!

Nadiya Kovalenko

Con la partecipazione di
Olga Rykun

Copyright © 2022 di Nadiya kovalenko

Tutti i diritti riservati. Nessuna parte di questa guida può essere riprodotta in qualsiasi forma senza il permesso scritto dell'editore, a eccezione di brevi citazioni usate per la pubblicazione di articoli o recensioni.

Nota Legale

Le informazioni contenute in questo libro e i suoi contenuti non sono pensati per sostituire qualsiasi forma di parere medico o professionale; e non ha lo scopo di sostituire il bisogno di pareri o servizi medici, finanziari, legali o altri che potrebbero essere necessari. Il contenuto e le informazioni di questo libro sono stati forniti solo a scopo educativo e ricreativo.

Il contenuto e le informazioni contenuti in questo libro sono stati raccolti a partire da fonti ritenute affidabile, e sono accurate secondo la conoscenza, le informazioni e le credenze dell'Autore. Tuttavia, l'Autore non può garantirne l'accuratezza e validità e perciò non può essere ritenuto responsabile per qualsiasi errore e/o omissione.

**Scarica la traccia audio con le pronunce corrette!
Ti basta inquadrare il QR-code con la fotocamera del tuo cellulare e scaricare l'audiolibro.**

Завантажте звукову доріжку з правильною вимовою!
Вам просто потрібно Навести QR-code за допомогою камери мобільного телефону та завантажити аудіокнигу.

**Scarica la versione digitale da poter consultare su ogni tuo dispositivo.
Ti basta inquadrare il QR-code con la fotocamera del tuo cellulare e scaricare il file.**

Natura

Natura

Природа

pryroda

Дерево  **Albero**
derevo Albero

Дерева  **Alberi**
dereva Alberi

Море  **Mare**
more Mare

Вулкан  **Vulcano**
vulkan Vulcano

Квіти  **Fiori**
kvity Fiori

місяць misyats′		**Luna** Luna
Вогонь vohon′		**Fuoco** Fuoco
вода voda		**Acqua** Acqua
Вітер viter		**Vento** Vento
Трава trava		**Erba** Erba

Хмара  **Nuvola**
khmara Nuvola

озеро  **Lago**
ozero Lago

Гори  **Montagne**
hory Montagne

Річка  **Fiume**
richka Fiume

Пляж  **Spiaggia**
Plyazh Spiaggia

Водоспад  **Cascata**
vodospad Cascata

Дощ  **Pioggia**
doshch Pioggia

Сонце  **Sole**
sontze Sole

Рослина  **Pianta**
Roslyna Pianta

Світ  **Mondo**
Svit Mondo

Collega il nome alla figura corretta

Поєднати назву з правильною фігурою

Poyednaty nazvu z pravyl'noyu fihuroyu

Fuoco	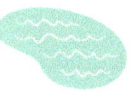	Albero	
Cascata		Prato	
Pianta		Vento	
Lago		Mare	
Sole		Nuvola	
Pioggia		Luna	
Mondo		Acqua	
Fiume		Fiori	
Montagna		Alberi	
Spiaggia		Vulcano	

Colora il disegno
Розфарбуйте малюнок

Animali

Animali

Тварини

tvaryny

Кішка Kishka		**Gatto** Gatto
Лев lev		**Leone** Leone
Собака sobaka		**Cane** Cane
Кінь kin'		**Cavallo** Cavallo
Птах ptakh		**Uccello** Uccello

Черепаха
cherepakha

Tartaruga
Tartaruga

Риба
ryba

Pesce
Pesce

Акула
akula

Squalo
Squalo

Краб
krab

Granchio
Granchio

Кит
kyt

Balena
Balena

Дельфін
del'fin

Delfino
Delfino

Слон
slon

Elefante
Elefante

Жаба
zhaba

Rana
Rana

Каченя
kachenya

Papera
Papera

Восьминіг
vos'mynih

Polpo
Polpo

Змія
zmiya

Serpente
Serpente

Равлик
ravlyk

Lumaca
Lumaca

Білка
bilka

Scoiattolo
Scoiattolo

Корова
korova

Mucca
Mucca

Свиня
svynya

Maiale
Maiale

Вівця Vivtsya		**Pecora** Pecora
Курка kurka		**Gallina** Gallina
Лисиця lysytsya		**Volpe** Volpe
Ведмідь vedmid'		**Orso** Orso
Тигр tyhr		**Tigre** Tigre

Мавпа mavpa		**Scimmia** Scimmia
Миша mysha		**Topo** Topo
Крокодил krokodyl		**Coccodrillo** Coccodrillo
Жираф zhyraf		**Giraffa** Giraffa
Зебра zebra		**Zebra** Zebra

Collega il nome alla figura corretta

Поєднати назву з правильною фігурою

Poyednaty nazvu z pravyl'noyu fihuroyu

Serpente		Leone	
Scimmia		Volpe 	
Tartaruga		Pesce 	
Maiale		Giraffa 	
Orso		Cavallo 	
Pecora		Scoiattolo 	
Gallina		Uccello 	
Cane		Zebra 	
Delfino		Elefante 	
Gatto		Tigre 	

Colora il disegno
Розфарбуйте малюнок

Frutta e Verdura

ФРУКТИ ТА ОВОЧІ

frukty ta ovochi

Груша / hrusha  **Pera**

яблуко / yabluko  **Mela**

Банан / banan  **Banana**

Полуниця / polunytsya  **Fragola**

Кавун / kavun  **Anguria**

Ананас ananas		**Ananas** Ananas
Лимон lymon		**Limone** Limone
Ківі kivi		**Kiwi** Kiwi
апельсин apel'syn		**Arancia** Arancia
вишні vyshni		**Ciliegie** Ciliegie

Виноград  **Uva**
vynohrad Uva

персик  **Pesca**
persyk Pesca

Морква  **Carota**
morkva Carota

Помідора  **Pomodoro**
pomidora Pomodoro

кабачок  **Zucchina**
kabachok Zucchina

Баклажан
Baklazhan

Melanzana
Melanzana

Салат
salat

Insalata
Insalata

Кукурудза
Kukurudza

Mais
Mais

Броколі
brokkoli

Broccolo
Broccolo

Цибуля
tsybulya

Cipolla
Cipolla

Картопля kartoplya		**Patata** Patata
перець perets'		**Peperone** Peperone
Селера selera		**Sedano** Sedano
Капуста kapusta		**Cavolo** Cavolo
буряк buryak		**Barbabietola** Barbabietola

Collega il nome alla figura corretta

Поєднати назву з правильною фігурою

Poyednaty nazvu z pravyl'noyu fihuroyu

Zucchine		Anguria	
Melanzana		Ciliegie	
Pomodoro		Fragola	
Uva		Ananas	
Patata		Mela	
Pesca		Arancia	
Cipolla		Kiwi	
Carota		Limone	
Mais		Pera	
Pesca		Banana	

Colora il disegno
Розфарбуйте малюнок

Oggetti

Oggetti

Предмети

Predmety

Ножиці nozhytsi		**Forbice** Forbice
Годинник hodynnyk	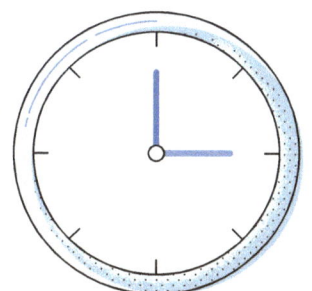	**Orologio** Orologio
Олівець olivets'		**Matita** Matita
Молоток molotok		**Martello** Martello
Стілець Stilets'		**Sedia** Sedia

м'яч m'yach		**Palla** Palla
Склянка Sklyanka		**Bicchiere** Bicchiere
Телефон telefon	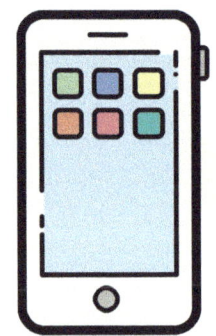	**Telefono** Telefono
Зубна щітка zubna shchitka		**Spazzolino** Spazzolino
Відро vidro		**Secchio** Secchio

Ключ klyuch		**Chiave** Chiave
Гітара hitara		**Chitarra** Chitarra
Книга knyha		**Libro** Libro
Книги knyhy		**Libri** Libri
Ліхтарик Likhtaryk		**Torcia** Torcia

Шолом sholom		**Casco** Casco
Лейкопластир Leykoplastyr	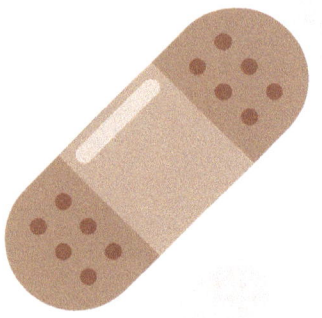	**Cerotto** Cerotto
світшот svitshot		**Felpa** Felpa
Драбина Drabyna		**Scala** Scala
подарунок podarunok		**Regalo** Regalo

Ukrainian		Italian
пензлик penzlyk		**Pennello** Pennello
ліжко lizhko		**Letto** Letto
Вікно vikno		**Finestra** Finestra
Валізи valizy		**Valigie** Valigie
Штани shtany	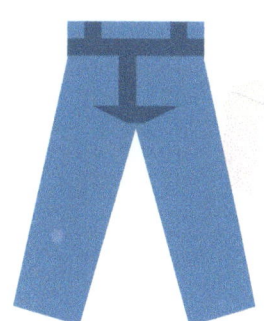	**Pantaloni** Pantaloni

Маска maska	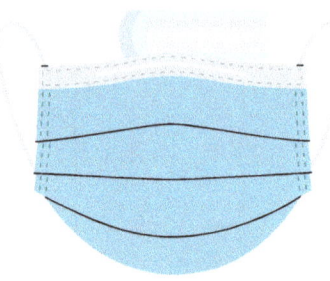	**Mascherina** Mascherina
Будильник Budyl'nyk		**Sveglia** Sveglia
Виделка Vydelka		**Forchetta** Forchetta
ніж nizh		**Coltello** Coltello
Тарілка Tarilka		**Piatto** Piatto

Collega il nome alla figura corretta

Поєднати назву з правильною фігурою

Poyednaty nazvu z pravyl'noyu fihuroyu

Bicchiere		Palla	
Libri		Letto	
Piatto		Chitarra	
Coltello		Pantaloni	
Secchio		Valigie	
Finestra		Sedia	
Orologio		Telefono	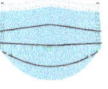
Martello		Pennello	
Mascherina		Libro	
Forchetta		Regalo	

Colora il disegno
Розфарбуйте малюнок

Alimenti

Alimenti

Їжа

yizha

Яйце
yaytse

Uovo
Uovo

апельсиновий сік
apel'synovyy sik

Spremuta d'arancia
Spremuta d'arancia

Смажене яйце
Smazhene yaytse

Uovo cotto
Uovo cotto

Салат
salat

Insalata
Insalata

Запечена курка
Zapechena kurka

Pollo al forno
Pollo al forno

Ukrainian		Italian
Піца Pitsa		**Pizza** Pizza
Цукерки tsukerky		**Caramella** Caramella
картопля фрі kartoplya fri		**Patatine fritte** Patatine fritte
консервований тунець konservovanyy tunets'	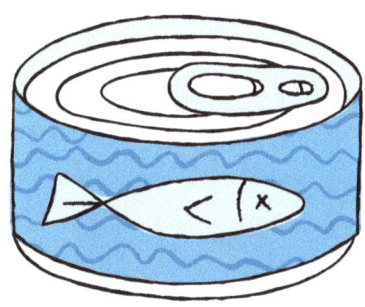	**Tonno in scatola** Tonno in scatola
Сир syr		**Formaggio** Formaggio

Торт tort		**Torta** Torta
Морозиво morozyvo		**Gelato** Gelato
Гамбургер hamburher		**Hamburger** Hamburger
Хліб khlib		**Pane** Pane
Рогалик regalik		**Cornetto** Cornetto

Шашлик 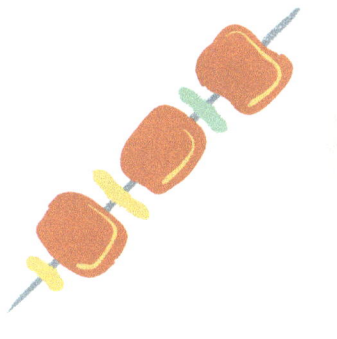 **Spiedino**
Shashlyk Spiedino

Борошно  **Farina**
boroshno Farina

Цукор  **Zucchero**
tsukor Zucchero

сіль  **Sale**
sil' Sale

Шоколад  **Cioccolato**
shokolad Cioccolato

Пончик ponchyk		**Ciambella** Ciambella
Печиво Pechyvo		**Biscotti** Biscotti
вода voda		**Acqua** Acqua
Молоко moloko		**Latte** Latte
Паста Pasta		**Pasta** Pasta

Рис rys		**Riso** Riso
Гриби Hryby		**Funghi** Funghi
Сендвіч sendvich		**Panino** Panino
Кекс Keks		**Muffin** Muffin
Млинець mlynets'		**Pancake** Pancake

Collega il nome alla figura corretta

Поєднати назву з правильною фігурою

Poyednaty nazvu z pravyl'noyu fihuroyu

Pollo al forno		Hamburger	
Zucchero		Farina	
Insalata		Riso	
Formaggio		Pasta	
Funghi		Acqua	
Gelato		Pizza	
Uovo		Torta	
Pane		Biscotti	
Caramella		Latte	
Cioccolata		Ciambella	

Colora il disegno
Розфарбуйте малюнок

Alfabeto Italiano

Італійський алфавіт

Italiys'kyy alfavit

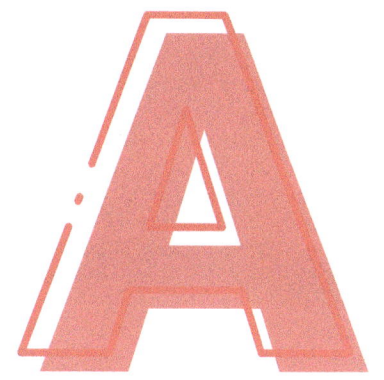

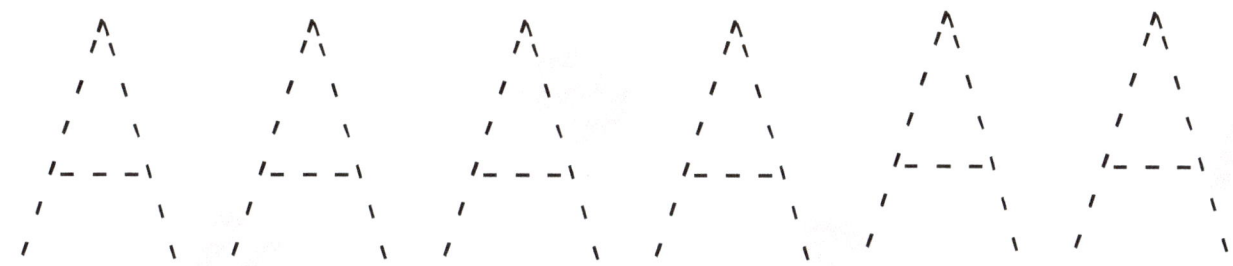

B B B B B
---

b b b b b b

c c c c c c

c c c c c c

DDDDDD

dddddd

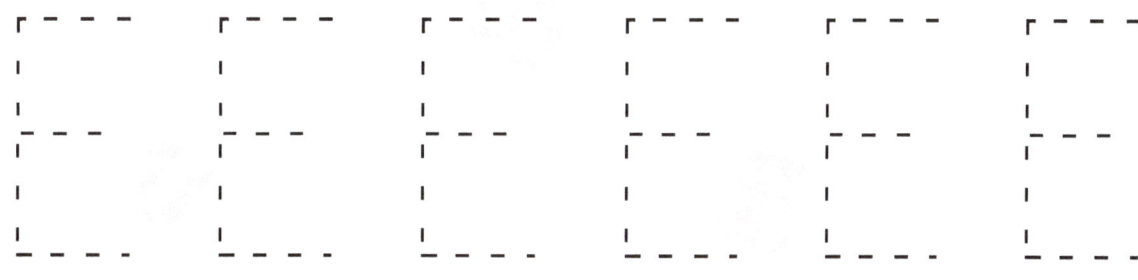

F F F F F F

f f f f f f

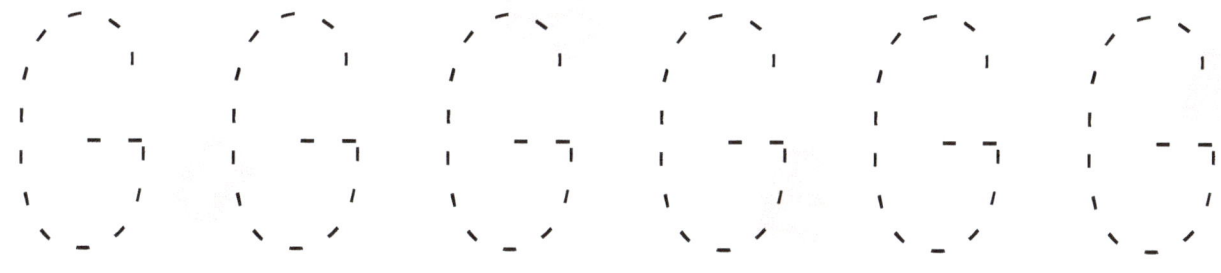

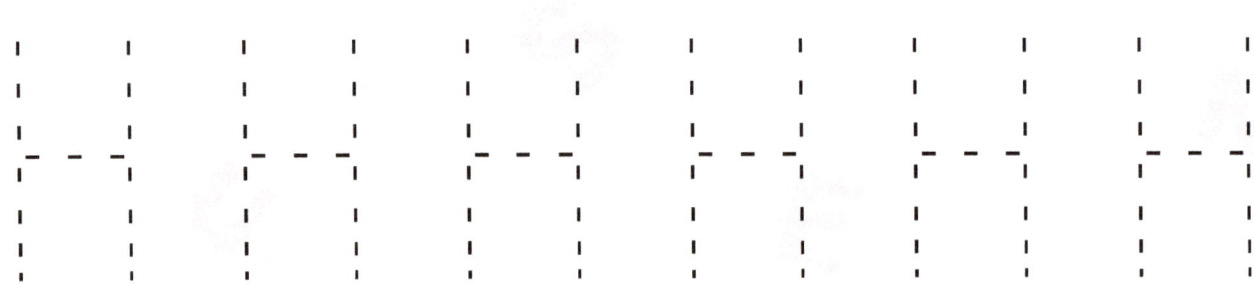

I I I I I I I

i i i i i i i i

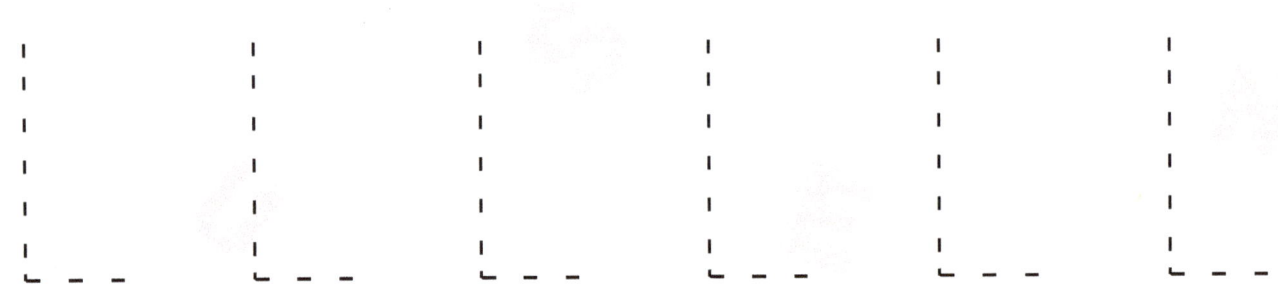

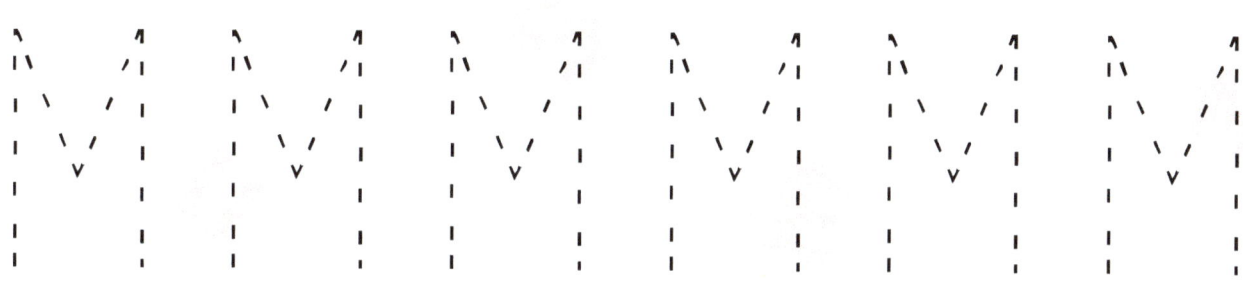

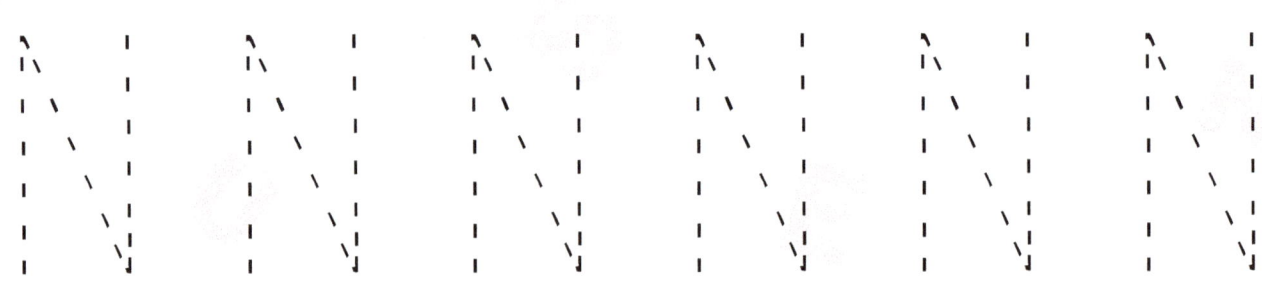

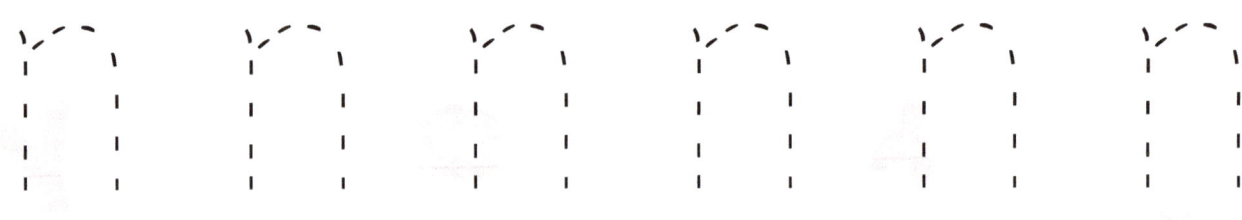

O O O O O O
_____

O O O O O O
_____

P P P P P
___

P P P P P
___

Q Q Q Q Q Q

q q q q q q

R R R R R R

r r r r r r

S S S S S S

s s s s s s

T T T T T T

t t t t t t

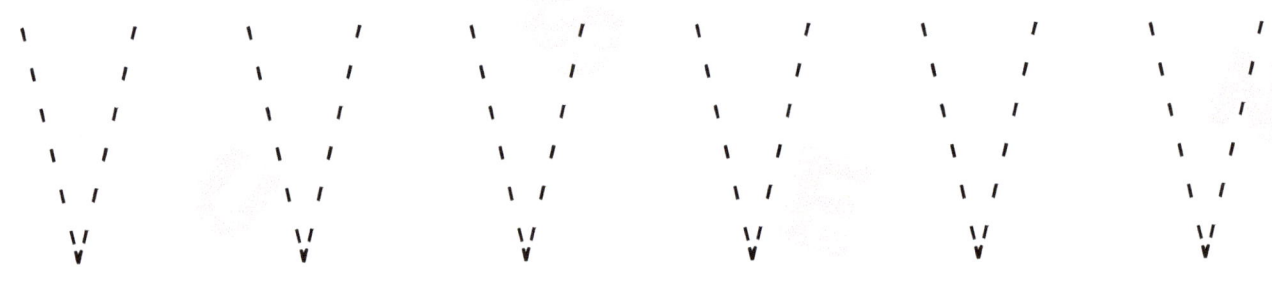

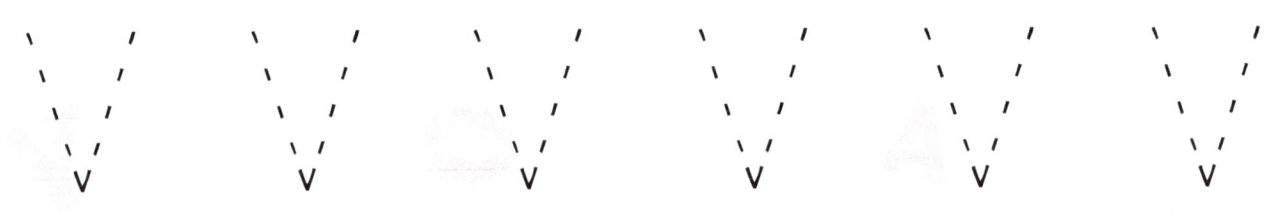

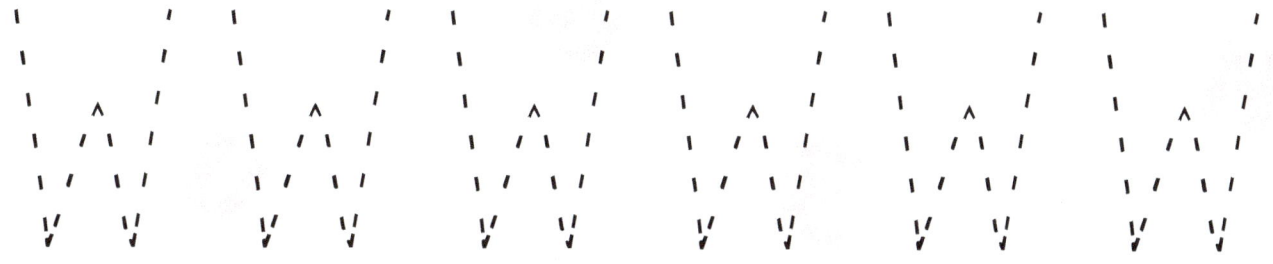

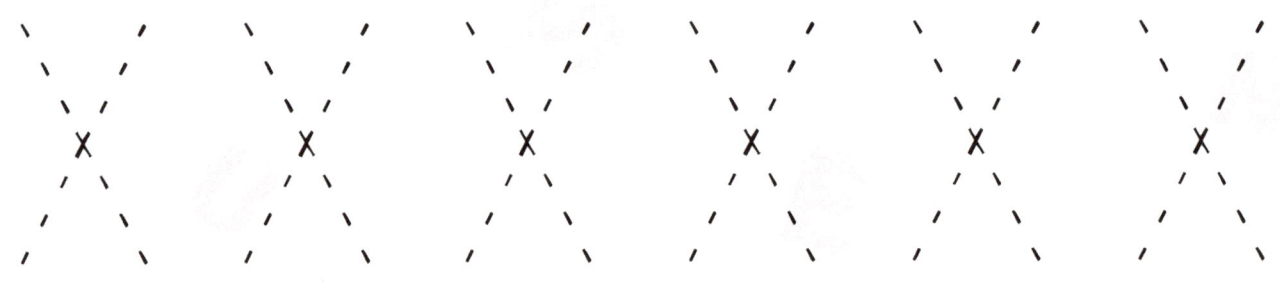

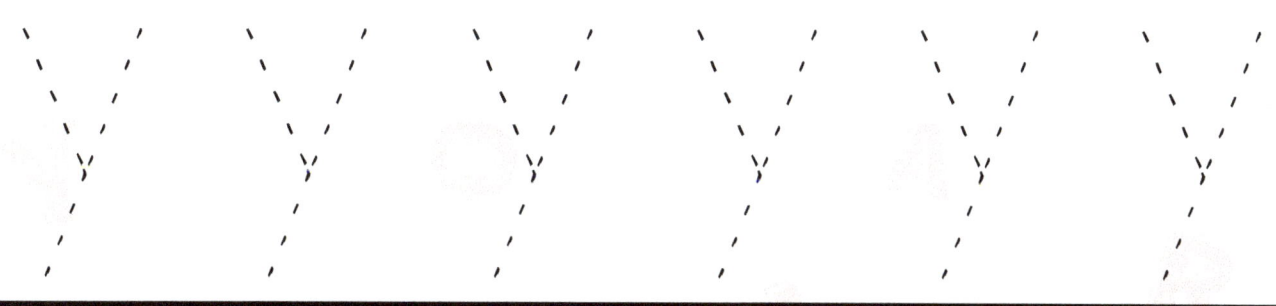

z z z z z z

z z z z z z

Numeri

Numeri

числа

chysla

Uno - Due - Tre

Zero Zero Zero Zero Zero Zero Zero

Uno Uno Uno Uno Uno Uno Uno Uno

Due Due Due Due Due Due Due Due

Tre Tre Tre Tre Tre Tre Tre Tre

Quattro Quattro Quattro Quattro Quattro

Cinque Cinque Cinque Cinque Cinque Cinque

Sei Sei Sei Sei Sei Sei Sei Sei Sei Sei

Sette Sette Sette Sette Sette Sette Sette

Otto Otto Otto Otto Otto Otto Otto Otto

Nove Nove Nove Nove Nove Nove Nove Nove

Dieci Dieci Dieci Dieci Dieci Dieci Dieci Dieci

Frasi e parole

фрази та слова

frazy ta slova

Io mi chiamo.... *Io mi chiamo....* **Мене звати....** Mene zvaty.....	**Si, grazie** *Si, grazie* **так дякую** tak dyakuyu	**Non ho capito** *Non ho capito* **я не розумію** ya ne rozumiyu
Tu come ti chiami? *Tu come ti chiami?* **Як вас звати?** Yak vas zvaty?	**Per piacere** *Per piacere* **Будь ласка** Bud' laska	**Io ho fame** *Io ho fame* **я голодний** ya holodnyy
Io ho 7 anni *Io ho 7 anni* **Мені 7 років** Meni 7 rokiv	**Mi puoi aiutare?** *Mi puoi aiutare?* **Можеш мені допомогти?** Mozhesh meni dopomohty?	**Ho caldo** *Ho caldo* **мені жарко** meni zharko
Il mio colore preferito è *Il mio colore preferito è* **Мій улюблений колір** Miy ulyublenyy kolir	**Posso andare in bagno?** *Posso andare in bagno?* **Можна піти до туалету?** Mozhna pity do tualetu?	**Ho freddo** *Ho freddo* **Мені холодно** Meni kholodno

Colori

Colori

Кольори

Kol'ory

Ukrainian	Italian	Ukrainian	Italian
Білий / Bilyy	**Bianco**	**Блакитний** / Blakytnyy	**Azzurro**
Чорний / Chornyy	**Nero**	**рожевий** / rozhevyy	**Rosa**
Сірий / Siryy	**Grigio**	**червоний** / chervonyy	**Rosso**
Коричневий / Korychnevyy	**Marrone**	**Помаранчевий** / Pomaranchevyy	**Arancione**
Синій / Syniy	**Blu**	**Жовтий** / Zhovtyy	**Giallo**
фіолетовий / fioletovyy	**Viola**	**Зелений** / Zelenyy	**Verde**

Collega il nome al colore corretto

Поєднати назву з правильним кольором

Poyednaty nazvu z pravyl'nym kol'orom

Marrone		Rosso
Blu		Giallo
Bianco		Azzurro
Grigio		Verde
Viola		Arancione
Nero		Rosa

RECENSISCI QUESTO LIBRO
ПЕРЕГЛЯНУТИ ЦЮ КНИГУ

Grazie mille per aver letto fin qui!

Speriamo che questo libro possa aver insegnato le basi della lingua italiana al bambino o alla bambina.

Ti saremmo estremamente grate se dedicassi un minuto del tuo tempo per lasciare una recensione su Amazon riguardo il nostro lavoro.

www.ingramcontent.com/pod-product-compliance
Lightning Source LLC
LaVergne TN
LVHW070216080526
838202LV00067B/6834